AF395431

Aulis Antamaa

Poliittisia runoja

Kustantaja: BoD – Books on Demand, Helsinki, Suomi

Valmistaja: BoD - Books on Demand, Norderstedt, Saksa

ISBN: 978-952-80-7063-4

ketään ei jätetä

mutta kyllä koulutetulla porvarilla pitää

sentään joitain etuoikeuksia olla

kremlin arvostelijoiden

kannattaa pysytellä

kaukana parvekkeista ja avoimista ikkunoista

teoriassa monikulttuurisuus on rikkaus

käytännössä kirous

teoriassa ihmisarvo on jakamaton

käytännössä ei

vitun kommarit

ne ei jaksa ku jankuttaa ihmisarvosta

nyt kaikki säästötalkoisiin

ei ne suuret tulot

vaan pienet menot

leipäjonossa ei aina jaksa

miettiä ruokavalionsa ilmastovaikutuksia

sosiaalinen integraatio

kaunis ajatus

mutta herra paratkoon

älkää sotkeko minua siihen soppaan

irmeli puhuu kehopositiivisuuden puolesta

läski mikä läski

nainen vallan huipulla

hiukset ojennuksessa

vaatekerta vailla vertaa

kympin tyttö ammentaa asiatietoa

kuin automaattinen puhelinvastaaja

hän on kokoomuksesta ja suuri humanisti

älä naurata

ketään ei jätetä

älä naurata

toivottavasti tilanne lähi-idässä rauhoittuu

pääsee valitun kansan hallinto

jatkamaan rauhassa siirtokuntapolitiikkaansa

näyttelen lavalla vain itseäni

en kompastu kulttuuriseen omimiseen

teidän ilmarilla on käytösongelmia

no pojat on poikia

teidän mohamedilla on käytösongelmia

senkin rasisti

pistetään talouden rattaat pyörimään

mietitään niitä köyhiä sitten myöhemmin

demokratiassa hölmöläisilläkin

on oma äänitorvensa

syrjäseudut autioituvat

periferia metsittyy

hiilijalanjälkemme pienenee

olen vähemmistön edustaja

tahdon ääneni kuuluviin

olkaa te muut hiljaa

piipahda afganistanissa

valita sitten oikeuksistasi

rotunainen saksanmaalta

kaarlen kannattelija

kasvokirurgian maskotti

pitkämielisyys lähentelee taidetta

kuningashuoneen kulisseissa

elvi sinervo sen tiesi jo aikoinaan

kommunismi pelastaa

muu on fasismia

sellissä sepusti runonsa

kirjasi katkerat tuntonsa

ukraina päätyi stalinin hyytävään syliin

poliittinen laululiike

agendalla kaukomaiden huolet

itänaapurin ongelmista viis

yksityisyrittäjällä ei ole helppoa

kustannukset on pidettävä kurissa

työntekijöiltä nipistettävä se minkä kehtaa

nykyduunarilla ei ole helppoa

vanhat jäärät puhuvat solidaarisuudesta

oman navan tuijotteluun on suuri houkutus

unkari
runkkari
tunari
petturi
palturi
pyrkyri
rikkuri
öykkäri
huijari

taas ne lakkoilee

vitun luuserit

globalismi

nationalistin painajainen

solidaarisuus

porvarin painajainen

teoriassa seksuaalinen häirintä on ikävää

käytännössä imartelevaa rumiluksille

teoriassa ihmisarvo on jakamaton

mutta kyllä valkoinen porvari on kingi

kiusaaminen

ihmisen lajityyppillinen ominaisuus

oranssiposkinen paksukalle

mahtimaan populisti

taikoo tuubasta totuutta

leipäläpi ammollaan

valitun kansan hallinto saa mitä tilaa

setä samulin kassa on pohjaton

ilmarilla on haasteita matematiikassa

no ilmarilla nyt on vähän levotonta kotona

mohamedilla on haasteita matematiikassa

senkin rasisti

aina te vaan valitatte

menisitte töihin

aina te vaan valitatte

onhan leipäjonot keksitty

hän on vähemmistön edustaja

liukenen paikalta ennen kuin

loukkaan vahingossa hänen oikeuksiaan

tuo on kulttuurista omimista

hän sihahtaa myrkyllisesti

ja keimailee siekailematta fasismin kanssa

hiukset arjalaisessa ojennuksessa

kulttuurisuvun musta lammas

nuorten naisten kaveri

isänmaan kirkasotsainen ystävä

turkki
nilkki
örkki
kakki

millä vitulla yrittäjä käärii voittoo

ku hakaniemen kommarit

jumittaa poteroissaan

sopimuspohjainen järjestelmä

individualistin painajainen

teoriassa kommunismi on kaunis ajatus

käytännössä painajainen

teoriassa demokratia toimii

käytännössä ei

teoriassa diktaturia toimii

käytännössä myös

tasa-arvo on tärkeää

mutta pitää meillä kunnon ihmisillä

sentään joitain etuoikeuksia olla

ilman uskonpuhdistusta

joulu saattaisi edelleen olla

riemukas kuusijuhla vailla jeesustelua

köyhän kansan armoitettu isä

ihmiskunnan aurinko

innokas ydinasetestaaja

häpeämätön herkkuperse

sisäsiittoinen juottoporsas

valittu kansa puolustaa

koston kierre kiihtyy

terrorin uhka ei tulittamalla tukahdu

ei me voida aina miettiä

kaiken maailman luusereita

nyt täytyy ajatella isänmaan parasta

turkistarhaus

pitää elinkeinoelämän rattaat pyörimässä

niin pitäisivät laillistetut huumeetkin

puhumattakaan aasian koiranlihamarkkinoista

vuosisadasta toiseen

ihmisluonto vetää maton

pasifistin jalkojen alta

vuosikymmenestä toiseen

lennonin rauhanlaulu

kuulostaa naivismilta

mielipiteeni on kuulemma rasistinen

se on mielipiteeni yhtä kaikki

entisajan patruunoilla oli helppoo

ei ollu hakaniemen mafiaa

millä me tuotetaan halpaa

kun luuserit vaan lakkoilee

etelävaltioiden orjapiiskureilla oli helppoo

ei ollu ay nipottamassa oikeuksista

kuuntele vaalikeskustelua

ymmärrät mistä sodat syttyvät

ilmeetön kgp-robotti

ihmisyyden irvikuva

idän suuri metsästäjä

pullisteleva pikkumies

moniäänisyyden nujertaja

minun totuus tässä on tärkeintä

demokratia yliarvostettua

aina te jankutatte vähäosaisista

nyt on tärkeintä alentaa pääomaveroa

demokratiavaje ruokkii polarisaatiota

uskonto ja pimeyden voimat lyövät kättä

tuhansien unelmien maassa

individualistien onnelassa

mielipiteeni on kuulemma antisemitistinen

se on mielipiteeni yhtä kaikki

täällä mitään kannata yrittää

kaikki vaan vaatii parempaa palkkaa

solidaarisuus

narsistin painajainen

vasemmisto karsastaa populismia

demonisoi porvareita

talous ennen ihmisoikeuksia

valitse porvarillinen vaihtoehto

lumikin hillitty charmi

hentoinen runotyttö

keijumekkojen kestokuluttaja

isipapan hellässä hoivassa

minä puhun nyt taloudesta

luonto on yliarvostettua

ihmettelevät huonontuneita pisa-tuloksia

s2-oppilaiden kielitaidoista viis

monet toisinajattelijat

olisivat mielestään ansainneet enemmän

ojenna pikkusormi omalletunnolle

ja se vie koko käden

moraaliposeerauksen aika on ohi

tehdään omaan napaan tuijottamisesta

taidetta

kulttuuri on luksusta

luusereiden kyykyttäminen seksikästä

siunaa ja varjele meitä

että luojaansa etsimään lähtenyt jumala

pysyisi kauan poissa

vapaamielisten kyykyttäjä

hurskastelun ruhtinatar

ojentaa eksyneitä

sormi raamatulla

siirry ohituskaistalle

liity liberaaleihin

työnnetään ne rajan yli

valitse isänmaallinen vaihtoehto

susi elovena-tytön vaatteissa

syvien rivien lemmikki

ihmisyyden sivaltelija

valkoinen painajainen

silmien alla koulukiusatun varjot

kalvakkaat kasvot

nihilismi uppoaa hedelmälliseen maaperään

verot alas

kommarit aitan taakse

mitä siitä tulisi jos kaikilla menisi yhtä huonosti